LETTER MONEY

Gity & Dinard = 50$
KHALEH YASI = 100$ Hollister.
Mãe y Pai = 101$
ANDIA + MAE = KBBQ CARD
KHALEL NILGUN & FAMILY = 30$
OMA & OPA = 200$
Ard' Shier = 30$

Made in the USA
Coppell, TX
24 April 2020